BEI GRIN MACHT SICH IHR WISSEN BEZAHLT

- Wir veröffentlichen Ihre Hausarbeit,
  Bachelor- und Masterarbeit

- Ihr eigenes eBook und Buch -
  weltweit in allen wichtigen Shops

- Verdienen Sie an jedem Verkauf

Jetzt bei www.GRIN.com hochladen und kostenlos publizieren

Bibliografische Information der Deutschen Nationalbibliothek:

Die Deutsche Bibliothek verzeichnet diese Publikation in der Deutschen National-bibliografie; detaillierte bibliografische Daten sind im Internet über http://dnb.d-nb.de/ abrufbar.

Dieses Werk sowie alle darin enthaltenen einzelnen Beiträge und Abbildungen sind urheberrechtlich geschützt. Jede Verwertung, die nicht ausdrücklich vom Urheberrechtsschutz zugelassen ist, bedarf der vorherigen Zustimmung des Verla-ges. Das gilt insbesondere für Vervielfältigungen, Bearbeitungen, Übersetzungen, Mikroverfilmungen, Auswertungen durch Datenbanken und für die Einspeicherung und Verarbeitung in elektronische Systeme. Alle Rechte, auch die des auszugsweisen Nachdrucks, der fotomechanischen Wiedergabe (einschließlich Mikrokopie) sowie der Auswertung durch Datenbanken oder ähnliche Einrichtungen, vorbehalten.

Impressum:

Copyright © 2018 GRIN Verlag
Druck und Bindung: Books on Demand GmbH, Norderstedt Germany
ISBN: 9783346172297

Dieses Buch bei GRIN:

https://www.grin.com/document/542489

GRIN - Your knowledge has value

Der GRIN Verlag publiziert seit 1998 wissenschaftliche Arbeiten von Studenten, Hochschullehrern und anderen Akademikern als eBook und gedrucktes Buch. Die Verlagswebsite www.grin.com ist die ideale Plattform zur Veröffentlichung von Hausarbeiten, Abschlussarbeiten, wissenschaftlichen Aufsätzen, Dissertationen und Fachbüchern.

Besuchen Sie uns im Internet:

http://www.grin.com/

http://www.facebook.com/grincom

http://www.twitter.com/grin_com

Marie Albrecht

Kommunikation und Führung. Leistung und Konflikte im Team

GRIN Verlag

Einsendeaufgaben

Modul: Kommunikation und Führung

Alternative A

Versendet zum Prüfen am: 02.10.2018

SRH Fernhochschule Riedlingen

Studiengang: Gesundheitsmanagement

Von

Name: Marie Albrecht

Inhaltsverzeichnis

Bei der hier vorliegenden Arbeit handelt es sich um drei Einsendeaufgaben –

Alternative A

Aufgabe A1

Gegenstand dieser Einsendeaufgabe ist die Erläuterung des Modells von Hersey und Blanchard und die Diskussion zu drei konkreten Anwendungshinweisen für Führungskräfte. Um das Modell zu verstehen, werden zunächst einige Grundbegriffe erläutert und anschließend das Modell selbst erklärt und theoretisch in die Praxis transferiert.

1. Führung

Definition: durch Interaktion vermittelte Ausrichtung des Handelns von Individuen und Gruppen auf die Verwirklichung vorgegebener Ziele; beinhaltet asymmetrische soziale Beziehungen der Über- und Unterordnung.[1]

Die Aufgaben und Ziele, welchen eine Führungskraft täglich gegenübersteht, sind vielfältig. Die Routineaufgaben effizient bewältigen, neue Projekte in Lauf bringen und dabei die Ziele nicht aus den Augen verlieren und dennoch mit Sensibilität und Klarheit die Mitarbeiter führen und deren Leistung mit effektivem Führungsstil und Führungsinstrumenten erfolgreich abrufen und steuern.

2. Führungsstil

Das Thema Führungsstil ist seit den experimentellen Studien von Kurt Lewin[2] 1938 ein Dauerthema in der Psychologie und den angrenzenden Verhaltenswissenschaften.

Als Führungsstil wird die Art und Weise bezeichnet, wie ein Vorgesetzter und Führungskraft in einem Unternehmen mit seinen Angestellten und Untergebenen umgeht, also wie die Führungsperson das Team oder ganzes Unternehmen führt. Diese Umgangsweise kann je nach Charakter der Führungsperson aber auch je nach Art des Unternehmens ausgesprochen unterschiedlich sein. Wer Personalverantwortung übernimmt, muss sich schnell Gedanken um die Art der Mitarbeiterführung machen.

Die Führungsperson sollte immer mit Ihren Mitarbeitern in einem Boot sitzen. Alle müssen koordiniert und motiviert rudern, damit das Boot in die richtige Richtung Fahrt aufnimmt. Die Führungskraft gibt Mitarbeitern klare Ziele und kontrolliert dabei die Ressourcen.

Jeder Mitarbeiter zeichnet sich erstmal durch unterschiedliche Fähigkeiten, Kenntnissen und Fach- und Berufserfahrung aus und soll deshalb an der richtigen Stelle eingesetzt werden. Der geborene Torwart gehört ins Tor und nicht in den Sturm. Wer seine Fähigkeiten ausspielen kann, der hat Erfolg und motiviert sich selbst.

Die Aufgabe der Führungskraft ist es, die Richtung vorzugeben und Unterstützung bereitzustellen. Unterstützung ist immer an die jeweiligen Bedürfnisse eines jeden

---

[1] Vgl.: https://wirtschaftslexikon.gabler.de/definition/fuehrung-33168
[2] Vgl.: Brocher/Kutter (Hrsg.): Entwicklung der Gruppendynamik. Darmstadt 1985. S. 7 - 40

Mitarbeiters gebunden. Das heißt, Art, Form und Umfang der Unterstützung ist eine sehr individuelle Frage. Unterstützung ist das, was ein einzelner in einer bestimmten Situation als Unterstützung empfindet. Nicht bei jedem Mitarbeiter in einer ähnlichen Situation, ist auch eine ähnliche Steuermaßnahme erfolgversprechend.

3. Führungstheoretischer Ansatz von P. Hersey & K.H. Blanchard

Der Führungstheoretische Ansatz von P. Hersey und K.H. Blanchard aus dem Jahr 1982, geht davon aus, dass das effektive Verhalten eines Vorgesetzten sehr stark vom Reifegrad des Mitarbeiters bestimmt wird. Das von den beiden Wissenschaftlern erarbeitete verhaltensorientierte Führungskonzept empfiehlt, den Führungsstil einer Führungskraft entsprechend des individuellen Reifegrades bzw. Entwicklungsstandes der Mitarbeiter zu wählen.

3.1. Grundlage des Führungsmodells von P. Hersey & K.H. Blanchard

Die folgenden Überlegungen sind Grundlage des Führungsmodells von Hersey & Blanchard:

Bedürfnis: Etwas, was Wert für mich hat. Etwas, was ich anstrebe und brauche. Das Wort „Motiv" ist gleichbedeutend.

Motivation: Motivation ist die Energie, die entsteht, wenn wir eine Möglichkeit sehen, dass unsere Bedürfnisse befriedigt werden.

Motivieren: Ich trage dazu bei, dass die Bedürfnisse eines anderen befriedigt werden.

Führungsstil: Führungsstil ist die Art, wie wir oder andere versuchen, die Leistungen anderer zu beeinflussen.

Flexibilität: „Die einen so, die anderen so". Führungsstil ist abhängig von der jeweiligen Person und ihrer Aufgabe. Menschen sind verschieden, ihre Bedürfnisse sind verschieden. Es ist ungeschickt, alle gleich zu behandeln. „Ungleiche Wesen gleich zu behandeln ist nicht Gerechtigkeit, sondern Gleichmacherei."[3]

Reifegrade: Die Unterschiedlichkeit von Mitarbeitern in Bezug auf das, was sie benötigen, was sie brauchen, lässt sich in sogenannte Reifegrade oder Entwicklungsstufen einteilen. Diese Reifegrade dienen Führungskräften als eine Art Leitfaden. Ein Reifegrad bezieht sich nur auf eine bestimmte Tätigkeit, nie auf die gesamte Person.

Fortschritte anerkennen: Der Vorgesetzte soll bei seinen Leuten erkennen, wenn sie etwas richtig machen. „Fortschritte zu sehen führt weg vom Perfektionsanspruch. Es geht dann nicht mehr nur darum: „Wo warst du erfolgreich?", sondern: „Wo geht es schon besser?" Lob selbst vermittelt das Gefühl: „Ich bin nur gut, wenn ich erfolgreich am Ziel angekommen bin" und macht eher Angst als Mut. Bereits Versuche und Fortschritte anzuerkennen, führt weg von der Fehlerbezogenheit. So funktioniert eine gute Beziehung"[4]

---

[3] Vgl.:Blanchard, K, Zigarmi, P. & Zigarmi, D. (1995): Der Minuten Manager: Führungsstile. Hamburg: Rowohlt, S. 35
[4] Vgl.: Schoenacker, T.; 2007; S. S191

3.2. Das situative Führungsmodell von P. Hersey & K.H. Blanchard

Die situative Führungstheorie geht davon aus, dass es nicht einen einzigen, angemessenen Führungsstil gibt, sondern dass dieser von der jeweiligen Situation abhängig ist. Dieses Modell beruht auf zwei Grundkonzepten die aufeinander abgestimmt werden müssen:

- auf dem Führungsstil und
- auf dem Reifegrad des Mitarbeiters

Die beiden Autoren gehen davon aus, dass es keinen Führungsstil gibt, der für alle Situationen und für alle Bedingungen der Beste ist. Nach ihrer Theorie muss sich die Führungskraft auf die jeweils gegebene Situation anpassen, um erfolgreich zu sein. Als Situationsvariablen werden die Fähigkeit der Mitarbeiter bezüglich der zu realisierenden Aufgabe, d.h. das Maß an Fachwissen, Fertigkeiten und Erfahrung, sowie die Bereitschaft bzw. Motivation zur Aufgabenrealisierung einbezogen. Ausgehend vom Entwicklungsstand des Mitarbeiters, dem Reifegrad (maturity level), wird der geeignete Führungsstil bestimmt. Aufgrund von dieser Theorie werden vier Führungsstile (Verhaltenstypen) unterschieden:

1) *Anweisen* ("Telling"). Dies stellt eine Kommunikation in eine Richtung, nämlich vom Vorgesetzten zum Mitarbeiter dar. Der Vorgesetzte sagt seinem Mitarbeiter welche Aufgaben, wie, warum, wann und wo auszuführen sind.

2) *Argumentieren* ("Selling"). Auch hier gibt der Vorgesetzte die Richtung vor, aber die Kommunikation erfolgt nun in beiden Richtungen und dem Mitarbeiter wird die Aufgabe in einer solchen Weise vermittelt, dass er sich diese zu Eigen macht.

3) *Beteiligen* ("Partizipating") Hier kommt es zu einem gemeinsamen Entscheidungsprozess über die Arbeit. Der Vorgesetzte gibt weniger direkte Arbeitsanweisungen, sondern bemüht sich um die Beziehung zu seinem Mitarbeiter.

4) *Delegieren* ("Delegating"). Zwar bleibt der Vorgesetzte in die Entscheidungen einbezogen, aber die Aufgabe und die Verantwortung für die Durchführung hat nun der Mitarbeiter oder die Gruppe. Der Vorgesetzte überwacht weiterhin die Ausführung und die Ergebnisse.[5]

Mit steigendem Reifegrad des Mitarbeiters lässt sich die Aufgabenorientierung reduzieren und die Beziehungsorientierung verstärken. Dabei sollte die Führungskraft genau beobachten, ob der gewählte Führungsstils zum gewünschten Erfolg führt: Wenn der Mitarbeiter die Aufgabe sehr gut bewältigt, so sollte zukünftig bei einer ähnlichen Aufgabe ein Stil gewählt werden, der dem Mitarbeiter mehr Partizipation und Freiräume ermöglicht was ein wesentlicher Aspekt der Arbeitszufriedenheit und Arbeitsqualität ist.

Beispiel: Ein Mitarbeiter ist neu an seinem Arbeitsplatz und muss von der Führungsperson anleitend geführt werden. Ein Jahr später ist er durch eigene Erfolge sowohl motiviert, als auch kompetent. Dieser Entwicklung des Mitarbeiters sollte den Vorgesetzten dazu veranlassen den Mitarbeiter künftig eher partizipativ zu führen.

---

[5] Vgl.: Hilsenbeck, T., Situatives Führen; S. 4

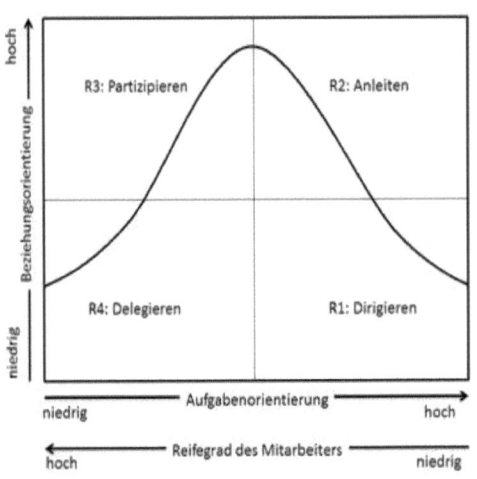

R1: Der Mitarbeiter ist hinsichtlich der anstehenden Aufgabe nicht fähig und er ist unmotiviert.

R2: Der Mitarbeiter ist nicht fähig, aber willig und motiviert.

R3: Der Mitarbeiter ist fähig, aber nicht motiviert.

R4: Der Mitarbeiter ist fähig und willig, d.h. er verfügt über eine hohe Kompetenz und hohe Motivation.

Abbildung 1: Situatives Führungsmodel nach P.Hersey & K.H.Blanchard [6]

Aus den gegebenen Reifungsgraden empfehlen sich dann für die Führungspersonen folgende Führungsstile in der Praxis einzusetzen:

Zur R1: **Anweisen** - Direktiver Führungsstil. Genaue Anweisungen geben und streng kontrollieren.

Zur R2: **Argumentieren** - Entscheidungen und Anweisungen genau erklären. Gelegenheit für Klärungsfragen geben.

Zur R3: **Partizipieren** - Ermutigen Ideen zu verwirklichen, Ermöglichen Entscheidungsbeteiligung.

Zur R4: **Delegieren** - Die Verantwortung zur Entscheidungsfindung und Durchführung übergeben! Bei einem Mitarbeiter mit hohem Reifegrad lässt sich sowohl die Aufgaben- als auch die Beziehungsorientierung zurücknehmen. Man lässt ihn selbstständig arbeiten und eigenverantwortlich Entscheidungen treffen

Beispiel zur R3: Ein relativ neuer Mitarbeiter der Abteilung hat ein gutes Arbeitsergebnis vorgelegt. Der Vorgesetzte nimmt das zum Anlass, ihn zu einem Gespräch zu bitten (Motivationsfaktor: Es schenkt dem Mitarbeiter seine kostbare Zeit). In diesem Gespräch teilt er Ihm mit, wie zufrieden er mit seiner Arbeitsleitung ist (Motivationsfaktor: Lob, Erfolgsklärung) und fragt ihn, ob er mit seinen Arbeitsinhalten und -bedingungen zufrieden ist (Motivationsfaktor: Einbeziehung). Falls möglich bietet er ihm eine herausfordernde, höherwertige Aufgabe an (Motivationsfaktor: Zutrauen, Herausforderung). Abschließend ist zu klären, ob der Mitarbeiter zur Bewältigung der Aufgabe an einer Weiterbildung interessiert ist (Motivationsfaktor: Entwicklung), der Vorgesetzte erklärt sich bereit, hierfür die

---

[6] Vgl.: https://www.online-projektmanagement.info/pm-modelle/reifegradmodell-oder-situatives-fuhrungsmodell

Kostenübernahme sicherzustellen (Motivationsfaktor: Wertschätzung, Weiterentwicklung). So gelingt es, in einem einzigen Gespräch sechs nachhaltige Motivationsfaktoren praktisch anzuwenden und damit den Mitarbeiter mit Sicherheit zu mehr Leistung zu motivieren.

Aufgabe A2

Gegenstand dieser Einsendeaufgabe ist die Erläuterung von drei Konfliktarten und Darstellung von jeweils einem konkreten Beispiel in einem wörtlichen Dialog sowie die Beschreibung der Strategie zur Bearbeitung des jeweiligen Beispiels. Obwohl hier die Konflikte in einem Team gemeint sind, werden zunächst allgemeine Begriffe erläutert, um dann ausführliche Teamkonfliktarten und die Strategien zur Konfliktlösung zu erarbeiten.

1. Konflikt

Definition: Prozess der Auseinandersetzung, der auf unterschiedlichen Interessen von Individuen und sozialen Gruppierungen beruht und in unterschiedlicher Weise institutionalisiert ist und ausgetragen wird.[7]

1.1. Konflikt Arten – Allgemein

Konflikt Grundsätzlich:

a) Sind sich die Parteien des Konflikts bewusst, liegt ein *manifester Konflikt vor.*

b) Wenn sich die Parteien des Konflikts (noch) nicht bewusst sind, die Situation aber so angelegt ist, dass ein Konflikt sehr wahrscheinlich ist oder die Parteien sich ihrer unvereinbaren Handlungstendenz zwar bewusst sind, sie deren Verwirklichung aber noch nicht gewagt haben, dann liegt ein *latenter Konflikt vor.*[8]

Sozialer Konflikt:

Interaktion zwischen Akteuren, wobei mind. ein Akteur Unvereinbarkeiten im Denken, Fühlen und Verhalten mit dem zweiten Akteur in einer Art erlebt, dass im Realisieren eine Beeinträchtigung stattfindet. Diese sind z.B. wie folgt:

* Zielkonflikt: Zwei oder mehr in einem Abhängigkeitsverhältnis agierende Personen verfolgen unterschiedliche Ziele.
* Bewertungskonflikt: Die Effektivität oder Wirkung unterschiedlicher Methoden zur Zielerreichung werden unterschiedlich bewertet.
* Verteilungskonflikt: Die Parteien können sich nicht über die Verteilung von Ressourcen (persönliche, monetäre, technische o.Ä.) einigen.

---

[7] Vgl.: https://wirtschaftslexikon.gabler.de/definition/konflikt-41120
[8] Vgl.: https://wirtschaftslexikon.gabler.de/definition/konflikt-41120

- Persönlicher Konflikt: Menschen verspüren intrapsychisch unterschiedliche Entscheidungs- oder Verhaltenstendenzen.
- Beziehungskonflikt: In der zwischenmenschlichen Beziehung kommt es zu Störungen.
- Rollenkonflikt: Menschen sind widersprüchlichen Rollen(-erwartungen) ausgesetzt.[9]

1.2. Konflikte im Team

„Team" – Definition: Als Team bezeichnet man einen Zusammenschluss von Menschen, die auf Grund der Zugehörigkeit zu einem bestimmten Verein oder einem Unternehmen oder einer anderen übergeordneten Gruppierung ein Ziel verfolgen. Dabei steht besonders der gemeinschaftliche Gedanke im Vordergrund. Dies hat zur Folge, dass die zu erledigende Aufgabe oder das Ziel idealerweise von allen gemeinsam angegangen wird und jeder das gleiche Maß an Leistung beisteuert. In einem Team agieren alle auf Augenhöhe, und der Gedanke einer gleichberechtigten Arbeitsweise ist stark vertreten.[10]

In der Praxis führen unterschiedliche Motive zwischen Führungskraft und Team, aber auch innerhalb des Teams oft zu Konflikten. Grundsätzlich gilt, wann immer mehrere Menschen über längere Zeit hinweg miteinander zu tun haben, lassen sich Streitigkeiten auf Dauer nicht ausschließen. Das ist in Teams nicht anders. In den meisten Teams entsteht nach einem teils euphorischen, teils erwartungsvollen Beginn das Gefühl, dass die Arbeit oder das Projekt nicht so vorankommt, wie sich die Teammitglieder das vorher ausgemalt haben. Im Laufe der Zeit kann diese Diskrepanz zwischen Wunsch und Wirklichkeit immer größer werden. Dies hat zur Folge, dass sich die Harmonie der ersten Zeit als brüchig erweist. Denn bislang war alles so ausgeglichen, weil es einfach keinen Grund für Disharmonie und Meinungsverschiedenheiten gab! Mit der zunehmenden Unzufriedenheit darüber, dass z.B. „nichts vorwärtsgeht" geben die Teammitglieder auch ihre anfängliche Zurückhaltung auf. Dies ist oft in der Stormingphase (Storming: Positionskämpfe im Team) zu beobachten. Um zu verhindern, dass Ungereimtheiten, Reibungsverluste und auch persönliche Differenzen den Erfolg der Zusammenarbeit schmälern, muss der Teamleiter fähig sein, Konflikte anzusprechen und zu lösen. Gleichzeitig muss er in der Lage sein, seinen Standpunkt in einer konstruktiven Diskussion auch gegen Widerstände zu vertreten und durchzusetzen. Hier sind von ihm gleichermaßen Diplomatie und Zielorientierung gefordert.

Konflikte sind völlig normal, wenn mehrere Menschen zusammenarbeiten. Und sie sind auch nicht grundsätzlich schlecht. Im Gegenteil: Sie bieten die Chance, bestehende Probleme zu lösen, Abläufe zu optimieren und den anderen besser kennenzulernen. Das gilt aber nur, wenn sie bemerkt und konstruktiv gelöst werden. Spannungen und Konflikte, die sich an anderer Stelle durch langes Zögern und Unentschlossenheit ergeben, lassen sich durch ein gesundes Maß an Konfliktfähigkeit sogar vermeiden.

1.2.1. Arten von Konflikten in Team und Unternehmen - nach Gerhard Schwarz

---

[9] Vgl.: https://wirtschaftslexikon.gabler.de/definition/konflikt-41120
[10] Vgl.: https://definition-online.de/team/

Es gibt unterschiedliche Arten von Konflikten im Team oder Unternehmen. Nach Schwarz lassen sich die Konflikte in mehrere Gruppenkonflikte einteilen[11] wie die folgende Abbildung zeigt.

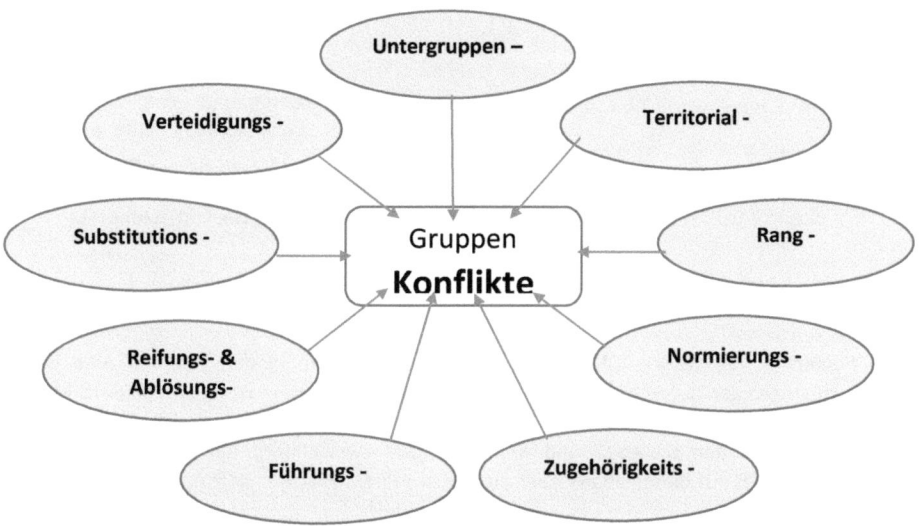

Abbildung 2: Gruppenkonflikte nach Gerhard Schwarz (eigene Darstellung)

1.2.2. Konfliktmanagement/Konflikt-Eskalationsmodel nach Friedrich Glasl

Um zu wissen, wie man einen Konflikt einordnen kann, ist es wichtig zu wissen, was überhaupt ein Konflikt ist. Dafür eignet sich Das „Konflikt-Eskalationsmodell" nach Friedrich Glasl das aus neun Konfliktstufen besteht, von denen sich jeweils drei Stufen eine Ebene teilen.

So bezeichnet er die erste Ebene als „win-win" – Ebene mit den Stufen 1) Verhärtung, 2) Polarisation & Debatte, 3) Taten statt Worte. Auf dieser Ebene ist eine Konfliktlösung noch mittels Moderation möglich – es geht hier noch hauptsächlich um die Sache und noch nicht so stark um die Beziehungsebene.

Die zweite Ebene ist die „win-lose" – Ebene mit den Stufen 4) Sorge um Image und Koalition, 5) Gesichtsverlust, 6) Drohstrategien. Hier geht es bereits darum, dass man einfach gewinnen will, um den anderen zu besiegen. Man schmiedet Allianzen, denunziert den

---

[11] Vgl.: Arenberg, P.; Studienbrief – Teamentwicklung; S.90

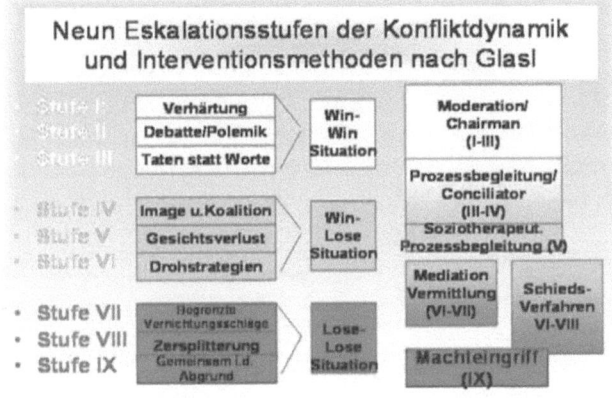

Neun Eskalationsstufen der Konfliktdynamik und Interventionsmethoden nach Glasl

anderen und droht ihm, um die eigene Macht zu demonstrieren. Moderation hilft hier nicht mehr es ist eine Prozessbegleitung nötig (Mediation, soziotherapeutische Prozess-begleitung, Vermittlung). Auf der dritten Ebene können beide nur noch verlieren, aus diesem Grund nennt Glasl sie „lose-lose" – Ebene. Die Stufen hier sind

Abbildung 3 : Die 9 Stufen der Konflikt- eskalation und Konfliktmanagement- maßnahmen nach Glasl[12]

7) Begrenzte Vernichtung, 8) Zersplitterung, 9) Gemeinsam in den Abgrund. Wie die Bezeichnungen der Stufen schon nahe legen, wird der Konflikt hier extrem hart geführt. Man will dem Gegner empfindlich schaden – am Ende nimmt man auch in Kauf, sich damit selbst zu schaden. In den Stufen 7 und 8 hilft möglicherweise noch ein Schiedsverfahren, grundsätzlich ist auf dieser Ebene aber auf jeden Fall ein Machteingriff nötig – die beiden Konfliktparteien sind zu keiner Lösung mehr im Stande[13]

Friedrich Glasl hatte bei der Erstellung seines Modells vor allem Auseinandersetzungen zwischen Staaten im Auge, die letztlich auf Stufe 9 zum Krieg führen, indem man alles in die Schlacht führt, was man zu bieten hat, ganz egal was aus einem selbst und dem eigenen Staat wird. Dennoch kann das Modell sehr gut auf jegliche Art von Konflikten angewendet werden.[14]

1.2.3. Konflikte im Team und Unternehmen - Beispiele mit Konfliktmanagementstrategien

In der vorliegenden Arbeit werden weiter nur drei Konfliktarten mit Beispielen näher beschrieben und jeweils Konfliktmanagementstrategien zu den Beispielen diskutiert.

In den hier beschriebenen Beispielen handelt es sich um Konflikte in einem Team von zehn Außendienstmitarbeitern, die nach einer Fusion von zwei Firmen neu zusammenkommen. Die Hälfte von der Truppe ist mit Ihren „alten" Vorgesetzten schon in der Firma gewesen und die andere Hälfte ist zu der „bestehenden" Gruppe gestoßen. Interessant ist dabei, dass die neu dazugekommene Gruppenhälfte Fachlich mehr Kenntnisse hat, als die bestehende Gruppe (inkl. der Führungsperson), für welche die neuen Aufgaben eine Herausforderung ist. Es ist also kein Wunder, dass sich innerhalb der Teamgruppe in kürzester Zeit mindestens zwei Untergruppen bilden und es kommt zu den **Untergruppenkonflikten** sowie auch **Territorialkonflikten,** hier funktioniert die Gruppe am Anfang keinesfalls richtig als Team.

---

[12] Vgl.: http://www.kidess-supervision.de/meine-angebote/konfliktmoderation/
[13] Vgl.: Glasl, F.; Selbsthilfe in Konflikten: Konzepte - Übungen - Praktische Methoden; 2007 (Freies Geistesleben, Stuttgart)
[14] Vgl.: http://wirtrainieren.de/werkzeugkoffer/konfliktmanagement-eskalationsstufen-nach-glasl/

Interessant wird es dann bei dem nächsten Konfliktbeispiel, denn dieser Konflikt wird von einem Außendienstmitarbeiter eines Teams aus einem anderen Bezirk provoziert, dabei wird ein Kollege der „neu zusammen gewürfelten" Gruppe bei einer Firmentagung verbal attackiert und beschimpft. Hier hat sich das neuentwickelte Team tatsächlich als Team zu dem Vorfall, einem **Loyalitäts-/Verteidigungskonflikt** gestellt und den eigenen Mitarbeiter entschieden in Schutz genommen und dessen Rechte verteidigt. Alle hier vorgestellten Beispiele beschreiben Konflikte in I. maximal in der II. Eskalationsstufe der Konfliktdynamik nach Glasl.

Beispiel „**Untergruppenkonflikt**" – die beschriebene Gruppenhälfte, die neu dazugekommen ist, sitzt bei der Regionaltagung zusammen beim Mittagessen und unterhält sich. Der „Gruppenführer" sagt: „... die haben doch von der Materie keine Ahnung, wie sollen wir mit denen bei dem Firmenwettbewerb erfolgreich abschließen?"

Konfliktlösungsstrategie – es ist zu vermuten dass diese Situation in der „Storming" Teamentwicklungsphase entstanden ist, in der die einzelnen Mitarbeiter aber auch die Gruppen ihren eigenen Platz suchen. Es wäre sinnvoll, verstärkt die geeigneten Teambildungsmaßnahmen einzusetzen, damit das „WIR" Gefühl aufgebaut wird.

Beispiel „**Territorialkonflikt**" – ein Mitarbeiter, der altbestehenden Gruppenhälfte, hat laut offizieller, neuer Selektion, Kunden bekommen, die ein Kollege, der neu zugekommenen Gruppenhälfte früher betreut hat. Der Kunden hat wie immer bei „seinem bekannten" Vertreter per Fax eine Bestellung getätigt, was den Vertreter sehr gefreut hat. Er hat diese Bestellung auch wie immer weiter bearbeitet. Als der neu zuständige Kollege dies erfahren hat, hat er den neuen Kollegen umgehend per Telefon kontaktiert und Ihm sehr deutlich und fast bedrohlich seine Meinung gesagt:" ...ich verbitte mir, dass du Aufträge von meinen Kunden annimmst, oder sogar denkst, dass du die Provision kassieren kannst. Ich warne dich ausdrücklich, in Zukunft nochmal sowas zu machen, sonst hast du ein großes Problem mit mir!!!"

Konfliktlösungsstrategie – bei diesem Konflikt sind offensichtlich die „Reviere noch nicht klar markiert". Die Missverständnisse sind durch die Tätigkeiten in Historie noch beeinflusst. Hier müssen durch den Vorgesetzten, in Dabeisein von beiden beteiligten Kollegen, in Form von Mediation (Schlichtungsverfahren) nochmal deutlich die Gebietsgrenzen gestellt werden um Klarheit zu schaffen. Gleichzeitig ist es wichtig auch die Kunden offiziell über diese Veränderung zu Informieren um ähnliche Missverständnisse zu vermeiden.

Beispiel „**Loyalitäts-/Verteidigungskonflikt**" – während einer Firmentagung hat ein langjähriger Mitarbeiter aus einem anderen Bezirk, vermutlich aus Neid, einen Kollegen aus der neugekommenen Gruppe übel attackiert und beschimpft weil dieser neulich einen neuen Dienstwagen bekommen hat. Dieser Wagen ist deutlich besser als der, welchen der „Angreifer" hat, obwohl er seit vielen Jahren für die Firma tätig ist und die beiden in der Hierarchie auf der gleichen Position stehen. Er hat offensichtlich seine Emotionen nicht in Griff halten können und bei dem Abendessen, beim Vorbeilaufen, zu dem Kollegen sehr gehässig gesagt: „…was muss man wohl machen um so einen tollen Wagen zu bekommen, da sind bestimmt viele Sonderdienste die nicht im Arbeitsvertrag stehen fällig, oder???"

Konfliktlösungsstrategie – zuerst stellt sich das Team hinter den Kollegen und versucht durch ein Schlichtungsgespräch die Situation zu entspannen und auch nachhaltig durch einträchtige Argumente zu klären. Interessant ist, dass sich in die Beschützer Position auch diejenigen aus dem Team gestellt haben, die eigentlich mit dem „Angreifer" seit Jahren in der gleichen Firma arbeiten. Hier hat schon das „WIR" Gefühl funktioniert und die Teammitglieder haben auch als Team reagiert. Falls Die Attacken in ähnlicher Form weiter stattfinden sollten muss dieser Konflikt auf höherer Ebene diskutiert werden, über die Führungspersonen der beiden Teams und es sollte eine Disziplinarische Maßnahme für den „Angreifer" in Betracht gezogen werden.

Generell ist an dieser Stelle zu betonen, dass ein Unternehmen nach der Fusion konsequent bei der Integration der beiden „Kulturen" beteiligt sein muss. Nichts ist schlimmer für ein Unternehmen, als die ständige Auseinandersetzung innerhalb der Organisation. Es ist ratsam die Personen, die zu lange am Alten festhalten und in den Widerstand gehen zu „entfernen". Teamentwicklungen, bei denen eine konstruktive Auseinandersetzung mit der neuen Kultur ermöglicht wird, sind zu fördern.[15]

Aufgabe A3

Gegenstand dieser Einsendeaufgabe ist die Erläuterung von Teamentwicklung. Um diese Aufgabe zu lösen werde ich mich erstmal mit dem komplexen Prozess der Teamentwicklung auseinander setzen und wichtige Begriffe erläutern und diskutieren.

1. Einleitung - Was ist ein Team?

Nicht jede Gruppe ist automatisch auch ein Team. Der Teambegriff wird buchstäblich in übermäßiger Weise auftretend benutzt. Die Sinnhaftigkeit und der Nutzen des Teams werden allerdings selten hinterfragt. Die Bezeichnungen Gruppe und Team werden oft gleich betrachtet und nicht unterschieden.

Nur, was ist ein Team? Ein Team besteht aus einer Gruppe von Personen, welche gemeinsam eine Aufgabe zu erledigen haben. Ein Team entsteht also, wenn mehr als zwei Personen zusammenkommen, um ein gemeinsames Ziel zu realisieren. Sozialpsychologisch sind Team

---

[15] Vgl.: Kraus, G./Nöllke, M./Zielke, Ch.; 2015, S.221   (Haufe, Freiburg)

und Gruppe eigentlich dasselbe. Dennoch hat sich unter Trainern und in Unternehmen eine feine Unterscheidung herausgebildet. Es gibt Arbeitsgruppen, in denen verschiedene Personen nebeneinanderher eine Aufgabe lösen, aber nicht direkt zusammenarbeiten. Und es gibt Teams, die gemeinsam an einem Strang ziehen. Ein Team ist also mehr auf das gemeinsame Ziel ausgerichtet.

Normalerweise gibt es im Team keine formelle Hierarchie. Im Team sollten sich die Fähigkeiten der einzelnen Mitglieder ergänzen, um ein Ergebnis zu erreichen, dass für jeden einzelnen allein nicht machbar gewesen wäre. Die Teamgröße hängt massiv von der Arbeitsorganisation ab. Für die direkte Durchführung von Aufgaben besteht das Team meistens aus drei bis sieben Mitgliedern. Die Teamarbeit erfolgt nach klaren Regeln der Kommunikation, unter anderem stehen Fehlerakzeptanz und Offenheit im Mittelpunkt. Das Team hat Mitglieder, von denen jedes auf seine Weise und mit seinem Wissen zum Ziel beiträgt. Es kann einen Teamleiter haben, der disziplinarisch vorgesetzt ist – wie der Gruppenleiter, Vorgesetzter oder Führungsperson.

2. Bedeutung von Team

Teams haben in modernen Organisationen eine zentrale Bedeutung. Heutzutage gibt es kaum eine Stellenanzeige, in der nicht vom Bewerber „Teamfähigkeit" gewünscht wird. Die Teamfähigkeit ist also für die Unternehmen immer wichtiger, wie es in der Abbildung 4 zu sehen ist.

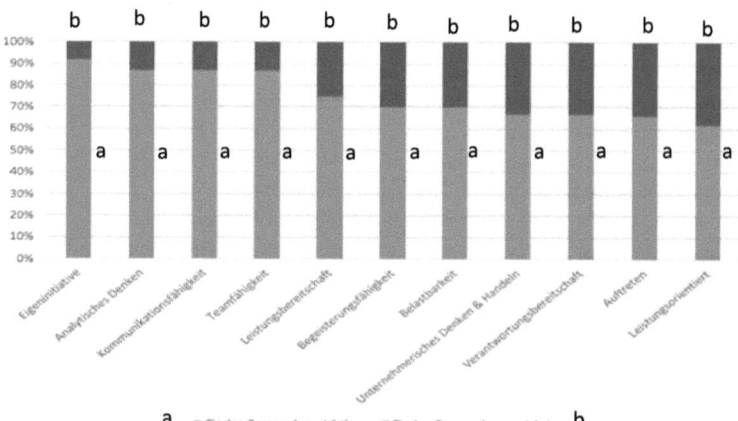

Abbildung 4 : Soft Skills die für Unternehmen wichtig sind[16]

Schon länger haben mehr als 80% der Umsatzstärksten Unternehmen über die Hälfte ihrer Mitarbeiter in Teams beschäftigt.[17] Das ist nicht weiter verwunderlich, nimmt doch diese besondere Form der Zusammenarbeit einen immer größeren Raum ein. Unternehmen haben also Teams entdeckt, um mit Hilfe flacher Hierarchien handlungsfähiger zu werden. Zusätzlich

---

[16] Vgl.: statista.de (2017): http://de.statista.com/statistik/daten/studie/408616/umfrage/softskills-bei-der-einstellung-von-hochschulabsolventen-in-deutschen-unternehmen/

[17] Vgl.: Becker, F.; 2016; S.1

ist es durch Teamarbeit den Unternehmen möglich geworden, die Anzahl von Mitarbeitern je Führungskraft deutlich zu erhöhen und damit Führungskräfte abzubauen und Personalkosten zu senken.

3. Teamleistung

„Das Team ist mehr als die Summe der Einzelnen".[18]

Das intelligente Funktionieren von Arbeitsgruppen und Teams rückt somit in den Mittelpunkt des Interesses einer modernen Führung. Tatsächlich hat sich in einigen Studien gezeigt, dass Teams in der Regel z.B. niedrigere Fehlerzeit oder Fluktuation aufweisen. Es muss aber an dieser Stelle gesagt werden, dass Teams nicht automatisch Garant für höhere Produktivität sind. Es gibt genügend Fälle, die zeigen, dass Teamarbeit die Produktivität einzelner Mitarbeiter abwürgt. Es sind also für die Führung von Teams auf jeden Fall Führungskompetenzen erforderlich, die über die reine Führung einzelner Mitarbeiter weit hinausgehen.

Mit diesen Merkmalen zeichnen sich erfolgreiche Teams aus:

*Das Team zeichnet sich durch ein sehr gutes Arbeitsklima aus.
*Es existiert ein starkes Wir-Gefühl.
*Das Team oder einzelne Mitarbeiter sind zur Übernahme von Verantwortung bereit.
*Das Team sorgt selbstständig für Qualifikation und Weiterbildung seiner Mitarbeiter.
*Es existiert eine ziel- und mitarbeiterorientierte Führung.
*Die Teammitglieder zeigen ein sachlich und emotional offenes Verhalten.
*Alle Mitglieder zeigen hohes Engagement.
*Gegenseitige Unterstützung ist selbstverständlich.
*Es zeichnet sich durch klare Zielsetzungen für Team und Mitarbeiter aus.
*Das Team ist fest und sinnerfüllt in die Gesamtorganisation eingebunden.
*Die Art und Weise der Zusammenarbeit ermöglicht in hohem Maße Partizipation.
*Das Team hat ein konstruktives Konfliktmanagement installiert.
*Es werden Methoden zur Zeit- und Projektplanung genutzt.
*Es wird eine allseitige Kommunikation und Interaktion gepflegt.[19]

Für Teamleistung sind insbesondere drei Bereiche relevant: *Das Umfeld*, in dem sich das Team befindet, *die Aufgabe* die das Team bearbeitet und *Eigenschaften des Teams* selbst.[20]

---

[18] Vgl.: Hofert, S./ Visbal, T.; 2015; S. 18   (Die Teambibel; Gabal Verlag; Offenbach)
[19] Vgl.: Niermeyer, R.; 2016; S.13 (Teams Führen; Haufe Verlag, Freiburg)
[20] Vgl.: Becker, F.; 2016; S.23

4. Teamzusammenstellung / Team-Design

Sind die Ziele einmal definiert, kann das Team zusammengestellt werden. Die richtige Auswahl der Teammitglieder bildet die Grundlage für den späteren Erfolg des Teams. Schließlich ist die Erwartung groß, dass sich bei der Teamarbeit, idealer Weise, die verschiedenen Kompetenzen der Mitglieder ergänzen. Erfolgreiche Teams sind meist komplementär zusammengesetzt, d. h. die Unterschiedlichkeit der Mitglieder bedingt den Erfolg: Individuelle Stärken ergänzen sich, Schwächen werden ausgeglichen. Häufig bilden sich Typologien heraus. Manchmal bieten Teams förmlich Lücken, die es von einem neuen Mitglied auszufüllen gilt.

Es sollte gelingen, von Beginn an die richtigen Mitarbeiter in das Team einzubinden. Es macht Sinn von Anfang an eine Idealbesetzung des Teams anzustreben, um die bestmöglichen Voraussetzungen zu schaffen, damit das Team die anstehenden Herausforderungen auch meistern kann. Dabei muss der Teamleiter eine ganze Reihe von Faktoren berücksichtigen:

- Welche Aufgaben muss das Team in welcher Zeit und welcher Qualität und Ausmaß im Einzelnen erledigen?
- Welche Fachkenntnisse und Fertigkeiten werden dafür gebraucht?
- Wer verfügt über solche Fachkenntnisse?
- Aus wie vielen Mitgliedern soll das Team bestehen?

Ebenso wichtig sind die Rollenverteilungen der Teammitglieder untereinander und die soziale Komponente. Es sollte ein ausgewogenes Verhältnis zwischen den unterschiedlichen Rollen, die in einem Team auftreten, herrschen.

Bevor es daran geht, einzelne Kollegen für die Teamarbeit zu gewinnen, muss allerding der Teamleiter zunächst einmal klären, wie groß sein Team sein soll. In der Hinsicht ist es ratsam, die Teamgröße in erster Linie vom Umfang des Teamauftrags abhängig zu machen. Es ist wenig sinnvoll, all jene ins Team zu holen, die gern „mitmachen" möchten. Es ist dem Erfolg der Arbeit nicht zuträglich, die Gruppe aus Höflichkeit zu groß zu machen. Erfahrungsgemäß erreicht eine Gruppe von sieben bis acht Personen ihre kritische Größe.[21]

Auch während des Teamprozesses kann es sinnvoll sein, die im Rahmen des Team-Designs betrachteten Merkmale anzupassen, das heißt zum Beispiel auch die Besetzung des Teams zu verändern.

5. Teamentwicklungsphasen nach Bruce Tuckman

Die Zusammensetzung von Teams aus einzelnen Personen mit bestimmten Merkmalen ist entscheidend für die Leistungsfähigkeit des Teams. Keinesfalls ist dies aber alles was zur Teamentwicklung gehört. Es reicht nicht die einzelnen Teammitglieder zu trainieren, um sie etwa Fachlich zu entwickeln und zu erwarten, dass sie schon irgendwie als Team funktionieren werden. Neben dieser Individualebene der einzelnen Teammitglieder sollte daher verstärkt auch auf der Ebene des gesamten Teams angesetzt und entwickelt werden.

---

[21] Vgl.: Niermeyer, R.; 2016; S.42 (Teams Führen; Haufe Verlag, Freiburg)

Nach dem Teamentwicklungsmodell von Bruce Tuckman lassen sich vier bzw. fünf Entwicklungsphasen bei den Teams beobachten. Alle diese Phasen sind wichtig und jede einzelne Phase erfordert auch spezifische Etwicklungsmaßnahmen um das Team zum Erfolg zu bringen. Diese Entwicklungsphasen sind wie folgt:

Forming (Formungsphase): Das Team formt sich. Die Mitglieder treffen erstmals zusammen, sind neugierig und vorsichtig zugleich. Sie beschnuppern einander, tasten sich zur eigenen Rolle vor und versuchen zu ermitteln, was die Rollen der anderen werden könnten. Diese Phase zeichnet sich durch Unsicherheit im Umgang miteinander, formelle Höflichkeit und eine eher geringe Sympathie.

Storming (Konfrontierungsphase): In dieser Organisationsphase einigen sich die Teammitglieder auf Vorgehensweisen und Spielregeln. Aufgaben werden verteilt und Schnittstellen definiert. Die Stormingphase ist kritisch. Hier können möglicherweise Interessenkonflikte zwischen Teammitgliedern auftreten, es kann zum „Sturm" kommen – daher der Name. Oft entsteht in diese Phase auch Frustration. In diese Phase weiß jedes Mitglied in etwa, wie es die anderen einschätzen kann. Die Rivalität ist hoch, der Rollenwechsel häufig und die Leistung eher gering.

Norming (Normierungsphase): Sobald die Einsicht herrscht, dass es so wie in der Stormingphase nicht weitergehen kann, beginnt die Suche nach konstruktiven Lösungswegen. Dazu gehören die sozialen Umgangsformen, Ansprüche aneinander, Spielregeln sowie der Umgang mit Konflikten ebenso wie die Arbeitsmethodik und Koordination. In diese Phase werden Normen gefunden, diskutiert und eingehalten. Die Rollen festigen sich und die gegenseitige Akzeptanz steigt.

Performing (Leistungsphase): Jetzt hat das Team den Zustand der Reife erreicht. Die Leistungen pendeln sich auf eine gleichbleibende zufriedenstellende Ebene. Es dreht sich weniger um sich selbst und kann sich auf die gemeinsame Arbeit konzentrieren. Das Wir-Gefühl erreicht ein neues Niveau und die Mitarbeiter freuen sich, aktive Teile des Teams zu sein. Es herrscht eine Atmosphäre von Anerkennung, Akzeptanz und Wertschätzung. Es existiert ein starkes Vertrauen der Teammitglieder in sich selbst und in das Team.[22]

Alterungsphase: Nachdem die Leistung in den vorherigen Phasen kontinuierlich steigernde Tendenz hatte kommt es irgendwann eine sogenannte „Alterungsphase" in der die Teamleistung wieder abnimmt. Gealterte Teams leiden zunehmend an einem Mangel an Innovation und Flexibilität. Die Arbeit wird zu Routine und die eingeschliffene Einstellungen und Prozesse werden nicht mehr hinter gefragt. Die Leistung nimmt nach und nach ab. Das Team muss dringend neu geformt werden!

Bei Zeitlich begrenzten Projektteams wird hier Zeit dieses Team aufzulösen.[23]

---

[22] Vgl.: Kauffeld, S.; 2001; S.30   (Teamdiagnose, Verlag für angewandte Psychologie, Göttingen)
[23] Vgl.: Becker, F.; 2016

6. Teamdiagnose

Die Teamdiagnose gehört ohne Zweifel zu der erfolgreichen Teamentwicklung dazu denn, diese Methode hilft Schwachstellen und Entwicklungsmöglichkeiten rechtzeitig aufzudecken bzw. sich der eigenen Stärken bewusst zu werden und diese – z. B. im Wettbewerb mit anderen Teams – auch zu nutzen. Ergebnisse einer Teamdiagnose können Teammitglieder für bestimmte Prozesse und Störquellen sensibilisieren, sie kann Diskussionen auslösen und dazu führen, dass das Team über seine Ziele und Prozesse reflektiert.

7. Beobachtungsbogen zur Aufgabe A 3

Durch Beobachtung mehrerer Merkmale und beantworten von paar Fragen, werde ich in der Lage sein die Entwicklungsphase des beobachtenden Teams ungefähr zu beurteilen. Es ist zu erwarten, dass sich das Team nicht exakt in einer Phase befinden wird, sondern, dass sich die Phasen fließend und logisch durchflechten. Folgenden Beobachtungsbogen habe ich für meine Aufgabe vorbereitet:

Beobachtungsbogen – Teamentwicklung[24]

Umgangsform / Zusammenarbeit	Notizen	Phase
formell höflich		P 1
Unpersönlich		P 1
Gespannt, Neugierig		P 1
Vorsichtiges „abtasten"		P 1
Unterschwellige Konflikte		P 2
Konfrontationen		P 2
Cliquenbildung		P 2
Mühsames Vorwärtskommen		P 2
Gefühl der Ausweglosigkeit		P 2
Konstruktive Lösungsvorschläge		P3
Gegenseitige Akzeptanz		P3
Konstruktive Diskussion		P3

---

[24] Vgl.: Kauffeld, S.; 2001; S.31

Angemessene gegenseitige Ansprüche		P 3
Feedback untereinander		P 3
Ideenreich		P 4
Flexibel		P 4
Leistungsstark		P 4
Solidarisch		P 4
Hilfsbereit		P 4
Anerkennung		P 4
Wertschätzung		P 4

Wie lange ist das Team zusammen?	
Sind alle Mitglieder von Anfang an dabei?	
Wenn nicht, wie viele sind später gekommen?	
Ist bereits jemand ausgeschieden?	
Wenn ja, Warum?	
Haben sich manche Mitglieder vorher schon gekannt?	

Mitgliederzahl	Männlich	Weiblich

Notizen

Literaturverzeichnis

Arenberg, P.; Studienbrief – Teamentwicklung; Riedlingen; 2016

Becker, F.; 2016; Teamarbeit, Teampsychologie, Teamentwicklung; Springer; Berlin/Heidelberg, 2016

Blanchard, K/ Zigarmi, P. /Zigarmi, D.; Der Minuten Manager: Führungsstile; Rowohlt; Hamburg; 1995

Brocher, T./Kutter, P.; Entwicklung der Gruppendynamik; Wissenschaftliche Buchgesellschaft Darmstadt; 1985.

Glasl, F.; Selbsthilfe in Konflikten: Konzepte - Übungen - Praktische Methoden; Freies Geistesleben, Stuttgart; 2007

Hilsenbeck, T., Situatives Führen;

Hofert, S./ Visbal, T.; Die Teambibel; Gabal Verlag; Offenbach; 2015

Kauffeld, S.;Teamdiagnose, Verlag für angewandte Psychologie, Göttingen; 2001

Kraus, G./Nöllke, M./Zielke, Haufe, Freiburg; 2015

Niermeyer, R.; 2016;Teams Führen; Haufe Verlag, Freiburg; 2016

Schoenacker, T.; Mut tut gut; RDI Verlag; 2007

Thomann; Ch.; Klärungshilfe2-Konflikte im Beruf; Rowohlt Hamburg; 2004

von Kanitz, A.; Mitabeiter-typen; Haufe; Freiburg; 2015

Internetquellenverzeichnis

https://definition-online.de/team/

http://www.kidess-supervision.de/meine-angebote/konfliktmoderation/

https://www.online-projektmanagement.info/pm-modelle/reifegradmodell-oder-situatives-fuhrungsmodell

https://wirtschaftslexikon.gabler.de/definition/konflikt-41120

https://wirtschaftslexikon.gabler.de/definition/fuehrung-33168

http://wirtrainieren.de/werkzeugkoffer/konfliktmanagement-eskalationsstufen-nach-glasl/

statista.de (2017): http://de.statista.com/statistik/daten/studie/408616/umfrage/softskills-bei-der-einstellung-von-hochschulabsolventen-in-deutschen-unternehmen/

Abbildungsverzeichnis

BEI GRIN MACHT SICH IHR
WISSEN BEZAHLT

- Wir veröffentlichen Ihre Hausarbeit,
  Bachelor- und Masterarbeit

- Ihr eigenes eBook und Buch -
  weltweit in allen wichtigen Shops

- Verdienen Sie an jedem Verkauf

**Jetzt bei www.GRIN.com hochladen
und kostenlos publizieren**